A Shorter Course in

English Grammar Check

5分間

基本英文法確認トレーニング

Seishi Sato

Nan'un-do

はしがき

本書は，初級レベルの英文法の知識を確認するためのものです。
本書の主な学習項目は，次のようなものです。

- be 動詞と一般動詞を使った文の作り方
- 疑問詞を使った疑問文
- 基本的な時制（現在形，過去形，進行形）
- 冠詞（a, the），名詞（単数形，複数形），形容詞
- 人称代名詞の変化（I, my, me など）
- 基本的な前置詞（in, at, on など）
- 基本的な助動詞（will, can など）
- 不定詞・動名詞の基本

1回当たり20問から成るドリル形式で，問題を解きながら知識を確認していきます。必要に応じて付録の説明を参照してください。

本書で取り上げた学習項目は，英語を使う上で最も基本的なものです。間違えた問題はしっかり復習して，確実に解けるよう知識を定着させてください。
反復練習は，英語学習の基本です。本書を通じて，英語の基本を身に付けてください。

本書の出版に当たっては，加藤敦氏に大変お世話になりました。心より御礼申し上げます。

佐藤 誠司

目次

はしがき ... 2

Unit 1	冠詞・名詞・形容詞①		4
Unit 2	be 動詞（現在形①）		6
Unit 3	be 動詞（現在形②）		8
Unit 4	be 動詞（過去形）		10
Unit 5	There 構文		12
Unit 6	前置詞		14
Unit 7	一般動詞（現在形①）		16
Unit 8	一般動詞（現在形②）		18
Unit 9	一般動詞（過去形①）		20
Unit 10	一般動詞（過去形②）		22
Unit 11	進行形		24
Unit 12	冠詞・名詞・形容詞②		26
Unit 13	人称代名詞		28
Unit 14	疑問詞①		30
Unit 15	疑問詞②		32
Unit 16	助動詞①		34
Unit 17	助動詞②		36
Unit 18	助動詞③		38
Unit 19	不定詞		40
Unit 20	動名詞		42

付録 ... 44

UNIT 1
冠詞・名詞・形容詞①

問 カッコ内に必要に応じて a, an を入れなさい。何も入れる必要がないときは×を入れなさい。

1. これは辞書です。
   This is (　　　) dictionary.

2. これは私の辞書です。
   This is (　　　) my dictionary.

3. あれは大きな犬です。
   That is (　　　) big dog.

4. あの犬は大きいです。
   That dog is (　　　) big.

5. これはタマネギです。
   This is (　　　) onion.

6. これは大きなタマネギです。
   This is (　　　) big onion.

7. あれは古い家です。
   That is (　　　) old house.

8. あの家は古いです。
   That house is (　　　) old.

9. あれは私の父の車です。
   That is (　　　) my father's car.

10. 彼らは学生です。
    They are (　　　) students.

問 下線部を補って英文を完成しなさい。

11. これは机（desk）です。
    This is _____.

12. これは私の机です。
    This is _____.

13. これは古い机です。

　　This is ＿＿＿＿＿＿＿＿＿＿＿＿＿＿＿．

14. これは私の新しい机です。

　　This is ＿＿＿＿＿＿＿＿＿＿＿＿＿＿＿．

15. これらは机です。

　　These are ＿＿＿＿＿＿＿＿＿＿＿＿＿＿＿．

16. これらは私の机です。

　　These are ＿＿＿＿＿＿＿＿＿＿＿＿＿＿＿．

17. これらは古い机です。

　　These are ＿＿＿＿＿＿＿＿＿＿＿＿＿＿＿．

18. 私の兄は医者（doctor）です。

　　My brother is ＿＿＿＿＿＿＿＿＿＿＿＿＿＿＿．

19. 私の兄は良い医者です。

　　My brother is ＿＿＿＿＿＿＿＿＿＿＿＿＿＿＿．

20. 私の兄たちは良い医者です。

　　My brothers are ＿＿＿＿＿＿＿＿＿＿＿＿＿＿＿．

チェックテスト

問　カッコ内から正しい方を選びなさい。

1. これは教科書です。　　　　　　　This is (textbook / a textbook).
2. これは卵です。　　　　　　　　　This is (a egg / an egg).
3. この卵は新鮮です。　　　　　　　This egg is (fresh / a fresh).
4. これは新鮮な卵です。　　　　　　This is (fresh / a fresh) egg.
5. これらは卵です。　　　　　　　　These are (eggs / an eggs).
6. あれは美術館です。　　　　　　　That is (art / an art) museum.
7. あれは新しい美術館です。　　　　That is (new / a new) art museum.
8. あの美術館は新しいです。　　　　That art museum is (new / a new).
9. 私の姉たちは女優です。　　　　　My sisters are (an actress / actresses).
10. 私の姉は映画スターです。　　　　My sister is (movie / a movie) star.

UNIT 2
be 動詞（現在形①）

問　カッコ内に is, am, are のどれかを入れなさい。

1. 私は看護師です。
   I (　　　) a nurse.

2. あなたは親切です。
   You (　　　) kind.

3. あれは私の車です。
   That (　　　) my car.

4. 私たちはよい友人です。
   We (　　　) good friends.

5. 私の父は教授です。
   My father (　　　) a professor.

6. あなたとあなたのお兄さんは正直です。
   You and your brother (　　　) honest.

7. 私の名前はヤマモト・ヒロシです。
   My name (　　　) Hiroshi Yamamoto.

8. 兄と私はサッカーファンです。
   My brother and I (　　　) soccer fans.

9. これらは私の教科書です。
   These (　　　) my textbooks.

10. その男の子たちは私の息子です。
    The boys (　　　) my sons.

問　カッコ内に適切な語を入れなさい。必要に応じて短縮形（I'm, you're, he's など）を使いなさい。

11. 私は空腹です。
    (　　　) (　　　) hungry.

12. ごめんなさい。
    (　　　) sorry.

13. あなたは歌が上手です。
    (   ) (   ) a good singer.

14. 私たちは満腹です。
    (   ) full.

15. 彼は酔っています。
    (   ) drunk.

16. 彼らは高校生です。
    (   ) high school students.

17. 彼女は美人です。
    (   ) beautiful.

18. あなたたちは不注意です。
    (   ) (   ) careless.

19. それは本当です。
    (   ) true.

20. 私たちは貧乏です。
    (   ) poor.

チェックテスト

問 カッコ内に適切な語を入れなさい。

1. 私は技師です。　　　　　　　I (   ) an engineer.
2. あなたは私の友人です。　　　You (   ) my friend.
3. 彼は私のいとこです。　　　　He (   ) my cousin.
4. このカレーは辛い。　　　　　This curry (   ) hot.
5. その人々は金持ちです。　　　The people (   ) rich.
6. 私は眠いです。　　　　　　　(   ) sleepy.
7. あなたは正しいです。　　　　(   ) right.
8. 山田氏がリーダーです。　　　Mr. Yamada (   ) the leader.
9. 彼は英雄です。　　　　　　　(   ) a hero.
10. 私たちはとても忙しいです。　(   ) very busy.

UNIT 3
be 動詞（現在形②）

問 カッコ内に適切な語を入れなさい。

1. 私は医者ではありません。
   I'm (　　　) a doctor.

2. あなたは私の上司ではありません。
   You (　　　) my boss.

3. 彼は金持ちではありません。
   He (　　　) rich.

4. この本は難しくありません。
   This book (　　　) difficult.

5. これらの本は難しくありません。
   These books (　　　) difficult.

6. 「あなたは健康ですか。」「はい。」
   "(　　　) you healthy?" "Yes, (　　　) (　　　)."

7. 「あなたのお父さんは健康ですか。」「はい。」
   "(　　　) your father healthy?" "Yes, (　　　) (　　　)."

8. 「これはあなたの自転車ですか。」「いいえ。」
   "(　　　) this your bicycle?" "No, (　　　) (　　　)."

9. 「あの女の子たちはあなたの友だちですか。」「いいえ。」
   "(　　　) those girls your friends?" "No, (　　　) (　　　)."

10. 「私たちは友だちですか。」「はい。」
    "(　　　) we friends?" "Yes, (　　　) (　　　)."

問 下線部を補って英文を完成しなさい。短縮形を使えるときは使いなさい。

11. 私は空腹ではありません。
    _____ hungry.

12. あなたは太っていません。
    _____ fat.

13. これは私のサイフではありません。
    _____ my wallet.

14. 彼と私はクラスメイトではありません。
    He and _____ classmates.

15. 私たちはここの職員ではありません。
    _____ staff members here.

16. 「あれはあなたの家ですか。」「はい。」
    "Is that your house?" "Yes, _____."

17. 「これらの辞書は高価ですか。」「いいえ。」
    "Are these dictionaries expensive?" "No, _____."

18. 「私は正しいですか。」「いいえ。」
    "_____ right?" "No, _____."

19. 「あなたは忙しいですか。」「はい。」
    "_____ busy?" "Yes, _____."

20. 「彼らは背が高いですか。」「いいえ。」
    "_____ tall?" "No, _____."

チェックテスト

問 カッコ内に適切な語を入れなさい。

1. 私は弁護士ではありません。　　　　I'm ( ) a lawyer.
2. あなたは歌が下手ではありません。　You ( ) a bad singer.
3. 彼は銀行員ではありません。　　　　He ( ) a bank clerk.
4. これは私のノートではありません。　( ) ( ) my notebook.
5. あれは私の父ではありません。　　　( ) ( ) my father.
6. 私は健康ですか。　　　　　　　　　( ) ( ) healthy?
7. あなたは秘書ですか。　　　　　　　( ) ( ) a secretary?
8. 彼女は学者ですか。　　　　　　　　( ) ( ) a scholar?
9. 彼らは俳優ですか。　　　　　　　　( ) ( ) actors?
10. あれは教会ですか。　　　　　　　　( ) ( ) a church?

UNIT 4
be 動詞（過去形）

問 カッコ内に適切な語を入れなさい。

1. 私は疲れていました。
   I (　　　) tired.

2. あなたは不注意でした。
   You (　　　) careless.

3. ヒロシは欠席していました。
   Hiroshi (　　　) absent.

4. 私はうれしくありませんでした。
   I (　　　) happy.

5. あなたは運が良くありませんでした。
   You (　　　) lucky.

6. 彼らは兄弟ではありませんでした。
   They (　　　) brothers.

7. 「あなたは教師でしたか。」「はい。」
   "(　　　) you a teacher?" "Yes, (　　　) (　　　)."

8. 「あなたのお母さんは看護師でしたか。」「いいえ。」
   "(　　　) your mother a nurse?" "No, (　　　) (　　　)."

9. 「その映画は面白かったですか。」「はい。」
   "(　　　) the movie interesting?" "Yes, (　　　) (　　　)."

10. 「その男の子たちは背が高かったですか。」「いいえ。」
    "(　　　) the boys tall?" "No, (　　　) (　　　)."

問 下線部を補って英文を完成しなさい。短縮形を使えるときは使いなさい。

11. 私は授業中に眠かったです。
    _____ sleepy in class.

12. あなたは愚かでした。
    _____ foolish.

13. 兄と私はサッカーファンでした。
    _____ soccer fans.

14. 私たちはクラスメイトではありませんでした。
    _____ classmates.

15. 彼らは結婚していませんでした。
    _____ married.

16. 「あなたは内気な女の子でしたか。」「はい。」
    "_____ a shy girl?" "Yes, _____."

17. 「私は内気な女の子でしたか。」「いいえ。」
    "_____ a shy girl?" "No, _____."

18. 「あなたのお姉さんはアナウンサーでしたか。」「はい。」
    "_____ an announcer?" "Yes, _____."

19. 「この本は易しかったですか。」「いいえ。」
    "_____ easy?" "No, _____."

20. 「あなたのお父さんは怒っていましたか。」「はい。」
    "_____ angry?" "Yes, _____."

チェックテスト

問 カッコ内に適切な語を入れなさい。

1. 私は幸運でした。　　　　　　　　　I (　　　) lucky.
2. あなたは利口でした。　　　　　　　You (　　　) smart.
3. 彼は病気でした。　　　　　　　　　He (　　　) sick.
4. 彼らは警官でした。　　　　　　　　They (　　　) police officers.
5. 私は怒っていなかった。　　　　　　I (　　　) angry.
6. 私たちは忙しくなかった。　　　　　We (　　　) busy.
7. 彼らは勤勉な労働者ではなかった。　They (　　　) hard workers.
8. あなたは長身でしたか。　　　　　　(　　　)(　　　) tall?
9. その試合はわくわくしましたか。　　(　　　) the game exciting?
10. 問題は易しかったですか。　　　　　(　　　) the questions easy?

UNIT 5
There 構文

問 カッコ内に適切な語を入れなさい。

1. 私の家の近くに公園があります。
   There (　　　) a park (　　　) my house.

2. 冷蔵庫の中にいくつかの卵があります。
   There (　　　) some eggs (　　　) the refrigerator.

3. 机の上にはアルバムが1冊ありました。
   There (　　　) an album (　　　) the desk.

4. バスには何人かの乗客がいました。
   There (　　　) some passengers (　　　) the bus.

5. この階にはトイレがありません。
   There (　　　) a restroom (　　　) this floor.

6. その町にはホテルがありませんでした。
   There (　　　) a hotel (　　　) the town.

7. あなたのレポートにはミスが1つもありませんでした。
   (　　　) (　　　) any mistakes (　　　) your report.

8. 「この近くにコンビニがありますか。」「はい。」
   "(　　　) (　　　) a convenience store near here?" "Yes, (　　　) (　　　)."

9. 「門のそばに男性が1人いましたか。」「はい。」
   "(　　　) (　　　) a man (　　　) the gate?" "Yes, (　　　) (　　　)."

10. 「おりの中に何羽かの鳥がいましたか。」「いいえ。」
    "(　　　) (　　　) any birds in the cage?" "No, (　　　) (　　　)."

問 [　]の語句を並べ換えて，英文を完成しなさい。

11. 私の町の近くに空港があります。[an / near / is / airport]
    There _____ my town.

12. 今年は2月が29日あります。[days / in / are / February / 29]
    There _____ this year.

13. 世界には多くの国々があります。[countries / the / are / many / in]
    There _____ world.
14. このビルには喫煙スペースはありません。[space / a / isn't / in / smoking]
    There _____ this building.
15. 私のクラブには3人の女子がいました。[girls / my / were / in / three]
    There _____ club.
16. 教室には生徒が一人もいませんでした。[the / students / weren't / in / any]
    There _____ classroom.

問 下線部を補って英文を完成しなさい。

17.「この近くにガソリンスタンドはありますか。」「はい。」
   "_____ a gas station near here?" "Yes, _____."
18.「あなたの机の上には電話機がありますか。」「いいえ。」
   "_____ a telephone _____?" "No, _____."
19.「ゆうべ地震がありましたか。」「はい。」
   "_____ an earthquake last night?" "Yes, _____."
20.「そのレストランには何人かの人がいましたか。」「いいえ。」
   "_____ any people _____?" "No, _____."

チェックテスト

問 カッコ内に適切な語を入れなさい。

1. 机の上に本が1冊ある。   There (   ) a book on the desk.
2. 机の上に本が2冊ある。   There (   ) two books on the desk.
3. その町には1軒のホテルがあった。   There (   ) a hotel in the town.
4. その町には数軒のホテルがあった。 There (   ) some hotels in the town.
5. その町にはホテルがない。   There (   ) a hotel in the town.
6. その町にはホテルがなかった。   There (   ) a hotel in the town.
7. その町にはホテルが1軒もない。   There (   ) any hotels in the town.
8. その町にはホテルが1軒もなかった。 There (   ) any hotels in the town.
9. その町にはホテルがありますか。   (   ) (   ) a hotel in the town?
10. その町にはホテルがありましたか。 (   ) (   ) any hotels in the town?

UNIT 6
前置詞

問 下の[ ]から適切な前置詞を選んで，カッコ内に入れなさい。

[at for in on to]

1. 私の誕生日は4月です。
   My birthday is ( ) April.

2. 私たちは日曜日にテニスをします。
   We play tennis ( ) Sundays.

3. 私たちは大学に通っています。
   We go ( ) college.

4. 私は午後は眠いです。
   I'm sleepy ( ) the afternoon.

5. 私は6時に起きます。
   I get up ( ) six.

6. 私は本屋でよくその女性を見かけます。
   I often see the woman ( ) the bookstore.

7. その店は駅の中にあります。
   The shop is ( ) the station.

8. 壁に大きな絵がかかっています。
   There is a big picture ( ) the wall.

9. 彼は長い間独身でした。
   He was unmarried ( ) a long time.

10. 私は学校へ行く途中でそのネコを時々見ます。
    I sometimes see the cat ( ) my way ( ) school.

問 カッコ内に適切な前置詞を入れなさい。

11. 私は両親と一緒に暮らしています。
    I live ( ) my parents.

12. 私はよくボーイフレンドにケーキを作ってあげます。
    I often make cakes ( ) my boyfriend.

13. 私は夜早く寝ます。
    I go (　　　) bed early (　　　) night.

14. これを見なさい。
    Look (　　　) this.

15. 私たちは午前9時から午後5時まで働きます。
    We work (　　　) nine a.m. (　　　) five p.m.

16. 6時まで待ちましょう。
    Let's wait (　　　) six.

17. 私は朝食の前にジョギングします。
    I jog (　　　) breakfast.

18. 私は夕食後に散歩します。
    I walk (　　　) dinner.

19. 私は北海道出身です。
    I'm (　　　) Hokkaido.

20. そのテーマについて話しましょう。
    Let's talk (　　　) the topic.

チェックテスト

問 カッコ内に適切な前置詞を入れなさい。

1. 図書館で勉強しましょう。　　　　Let's study (　　　) the library.
2. 私は月曜日は忙しい。　　　　　　I'm busy (　　　) Mondays.
3. 私は家で2時間勉強します。　　　I study (　　　) two hours at home.
4. 彼らと一緒に踊りましょう。　　　Let's dance (　　　) them.
5. 試合は6時に始まります。　　　　The game starts (　　　) six.
6. 私はよく10時まで寝ている。　　　I often stay in bed (　　　) ten.
7. あのビルを見なさい。　　　　　　Look (　　　) that building.
8. 彼女はイギリス出身です。　　　　She is (　　　) Britain.
9. 仕事の後でカラオケに行こう。　　Let's go to karaoke (　　　) work.
10. 夕食前にものを食べないように。　Don't eat (　　　) dinner.

UNIT 7
一般動詞（現在形①）

問 [ ]の語を利用して，カッコ内に適切な語を入れなさい。[ ]の語をそのまま入れる場合もあります。

1. 私はネコが好きです。[like]
   I (   ) cats.

2. 私たちは携帯電話を持っています。[have]
   We (   ) cellphones.

3. 私の姉はネコが好きです。[like]
   My sister (   ) cats.

4. 彼は毎日テニスをします。[play]
   He (   ) tennis every day.

5. 彼女は毎日英語を勉強します。[study]
   She (   ) English every day.

問 [ ]の語句を並べ換えて，英文を完成しなさい。ただし下線を引いた語は，必要に応じて適切な形に変えなさい。

6. 私は東京に住んでいます。[in / live / Tokyo]
   I _____.

7. 私の叔母は大阪に住んでいます。[in / live / aunt / Osaka]
   My _____.

8. 私の兄はサッカーが大好きです。[very / love / soccer / much]
   My brother _____.

9. あなたはピアノを上手に弾きます。[the / play / well / piano]
   You _____.

10. 私には2人の姉妹がいます。[sisters / two / have]
    I _____.

11. 父には3人の兄弟がいます。[father / brothers / have / three]
    My _____.

12. そのアメリカ人女性は日本語を話します。[Japanese / American / speak / woman]
    The _____.

13. 姉は毎日7時に帰宅します。[seven / home / every / at / <u>come</u>]
    My sister _____ night.

14. 父は毎晩11時に寝ます。[to / at / bed / <u>go</u> / eleven]
    My father _____ every night.

15. 母は朝6時に起きます。[six / up / <u>get</u> / in / at]
    My mother _____ the morning.

問 カッコ内に適切な語を入れなさい。

16. 私たちの学校にはプールがあります。
    Our school (   ) a swimming pool.
    = (   ) is a swimming pool (   ) our school.

17. 私は歩いて学校へ行きます。
    I (   ) to school. = I (   ) to school on foot.

18. 父は車で通勤します。
    My father (   ) to work. = My father (   ) to work by car.

19. あなたは歌うのが上手です。
    You (   ) well. = You (   ) a good singer.

20. 彼女は料理が上手です。
    She (   ) well. = She (   ) a good cook.

チェックテスト

問 [　]の語を利用して，カッコ内に適切な語を入れなさい。[　]の語をそのまま入れる場合もあります。

1. 私は自分で料理をします。[cook]　　I (   ) for myself.
2. 姉は自分で料理をします。[cook]　　My sister (   ) for herself.
3. 私はスマホを2台持っています。[have]　　I (   ) two smartphones.
4. 父はスマホを2台持っています。[have]　　My father (   ) two smartphones.
5. 私たちはその番組を見ます。[watch]　　We (   ) the program.
6. 彼はその番組を見ます。[watch]　　He (   ) the program.
7. 彼らは法律を勉強している。[study]　　They (   ) law.
8. その学生は法律を勉強している。[study]　　The student (   ) law.
9. 私の息子はビデオゲームをする。[play]　　My son (   ) video games.
10. 私の息子たちはビデオゲームをする。[play]　　My sons (   ) video games.

UNIT 8
一般動詞（現在形②）

問 ［　］の語を利用して，カッコ内に適切な語を入れなさい。

1. 私は小説を読みません。[read]
   I (　　　　) (　　　　　) novels.

2. あなたはミスをしません。[make]
   You (　　　　) (　　　　　) mistakes.

3. 彼は魚を食べません。[eat]
   He (　　　　) (　　　　　) fish.

4. 私たちはこの映画が好きではありません。[like]
   We (　　　　) (　　　　　) this movie.

5. 母は運転免許を持っていません。[have]
   My mother (　　　　) (　　　　　) a driver's license.

6. その店ではアルコール飲料は売っていません。[sell]
   The shop (　　　　) (　　　　　) alcoholic drinks.

問 カッコ内に適切な語を入れなさい。

7. 「あなたはスポーツが好きですか。」「はい。」
   "(　　　　) you like sports?" "Yes, (　　　　) (　　　　)."

8. 「あなたのお父さんはスポーツが好きですか。」「はい。」
   "(　　　　) your father like sports?" "Yes, (　　　　) (　　　　)."

9. 「あなたはよく旅行しますか。」「いいえ。」
   "(　　　　) you often travel?" "No, (　　　　) (　　　　)."

10. 「彼女は自分の部屋をそうじしますか。」「いいえ。」
    "(　　　　) she clean her room?" "No, (　　　　) (　　　　)."

問 ［　］内の語に1語を補って並べ換え，英文を完成しなさい。isn't のような短縮形は1語と考えます。

11. 私は手紙を書きません。[letters / write]
    I _____.

12. 私たちはその映画館へ行きません。 [the / go / movie / to]
    We _____ theater.

13. 彼はこのコンピュータを使いません。 [computer / this / use]
    He _____.

14. 私の姉は母を手伝いません。 [my / sister / mother / help]
    My _____.

15. 私の家には車庫がありません。 [have / a / house / garage]
    My _____.

16. あなたはジャズを聞きますか。 [jazz / listen / you / to]
    _____?

17. あなたの部屋にはテレビがありますか。 [room / a / your / have / television]
    _____?

18. 彼は自分の車を洗いますか。 [he / his / wash / car]
    _____?

19. 「あなたはこの車が欲しいですか。」「はい。」 [want / you / do / I]
    " _____ this car?" "Yes, _____."

20. 「彼女は中国語を話しますか。」「いいえ。」 [doesn't / speak / she / she]
    " _____ Chinese?" "No, _____."

チェックテスト

問 [ ]の語を利用して，カッコ内に適切な語を入れなさい。

1. 私は手紙を書きません。[write]　　I (　　) (　　) letters.
2. 彼女は肉を食べません。[eat]　　He (　　) (　　) meat.
3. 私はこの音楽が好きではない。[like]　　I (　　) (　　) this music.
4. この歌が好きですか。[like]　　(　　) you (　　) this song?
5. お父さんは煙草を吸いますか。[smoke]　　(　　) your father (　　)?
6. この車は早く走りません。[run]　　The car (　　) (　　) fast.
7. 彼女はよく旅行しますか。[travel]　　(　　) she often (　　)?
8. あなたにお子さんはいますか。[have]　　(　　) you (　　) children?
9. 彼にお子さんはいますか。[have]　　(　　) he (　　) children?
10. 私の部屋にはエアコンがない。[have]　　My room (　　) (　　) an air-conditioner.

UNIT 9
一般動詞（過去形①）

問 [ ]の語を利用して，カッコ内に適切な語を入れなさい。

1. 私はそのクラブに入りました。[join]
   I ( ) the club.

2. 彼は名古屋へ引っ越しました。[move]
   He ( ) to Nagoya.

3. そのレストランは先月開店しました。[open]
   The restaurant ( ) last month.

4. 私は今日図書館で勉強しました。[study]
   I ( ) at the library today.

5. 祖父は去年死にました。[die]
   My father ( ) last year.

6. 私はその番組を見ませんでした。[watch]
   I ( ) ( ) the program.

7. 「あなたはその番組を見ましたか。」「はい。」[watch]
   "( ) you ( ) the program?" "Yes, ( ) ( )."

8. 「彼はあなたに電話しましたか。」「いいえ。」[call]
   "( ) he ( ) you?" "No, ( ) ( )."

9. 「試合は予定どおり始まりましたか。」「はい。」[start]
   "( ) the game ( ) on schedule?" "Yes, ( ) ( )."

10. 「あなたたちはその博物館を訪れましたか。」「いいえ。」[visit]
    "( ) you ( ) the museum?" "No, ( ) ( )."

問 [ ]の語を利用して，カッコ内に適切な語を入れなさい。

11. 私たちは2時間テニスをしました。[play]
    ( ) ( ) tennis for two hours.

12. 私は11時に駅に着きました。[arrive]
    ( ) ( ) ( ) the station at 11.

13. その事故は先週の金曜日に起こりました。[happen]
    The accident (　　　　) (　　　　) (　　　　).

14. 彼女はニューヨークに住んでいました。[live]
    (　　　　) (　　　　) (　　　　) New York.

15. 彼らはその喫茶店に入りませんでした。[enter]
    (　　　　) (　　　　) (　　　　) the coffee shop.

16. 彼はその質問に答えませんでした。[answer]
    (　　　　) (　　　　) (　　　　) the question.

17. 「あなたは博多に滞在しましたか。」「はい。」[stay]
    "(　　　　) (　　　　) (　　　　) at Hakata?" "Yes, (　　　　) (　　　　)."

18. 「あなたはそのボタンに触りましたか。」「いいえ。」[touch]
    "(　　　　) (　　　　) (　　　　) the button?" "No, (　　　　) (　　　　)."

19. 「彼はあなたと踊りましたか。」「はい。」[dance]
    "(　　　　) (　　　　) (　　　　) with you?" "Yes, (　　　　) (　　　　)."

20. 「あなたたちは長い間待ちましたか。」「いいえ。」[wait]
    "(　　　　) (　　　　) (　　　　) for a long time?" "No, (　　　　) (　　　　)."

チェックテスト

問 [ ]の語を利用して，カッコ内に適切な語を入れなさい。

1. 私は彼の名前を尋ねた。[ask]　　　　I (　　　　) his name.
2. 彼はタクシーを呼んだ。[call]　　　　He (　　　　) a taxi.
3. 私たちはトランプをした。[play]　　　We (　　　　) cards.
4. ドアが閉まった。[close]　　　　　　The door (　　　　).
5. 私はそのナイフを使った。[use]　　　I (　　　　) the knife.
6. 私は再びやってみた。[try]　　　　　I (　　　　) again.
7. 雨は降らなかった。[rain]　　　　　It (　　　　) (　　　　).
8. 彼はテストに合格しましたか。[pass]　(　　　　) he (　　　　) the test?
9. 彼女は私を見なかった。[look]　　　She (　　　　) (　　　　) at me.
10. 彼はクラブに入りましたか。[join]　(　　　　) he (　　　　) the club?

UNIT 10
一般動詞（過去形②）

問 [　]の語を利用して，カッコ内に適切な語を入れなさい。

1. 私たちは犬小屋を作りました。[make]
   We (　　　) a doghouse.

2. 彼女はとても流暢に英語を話しました。[speak]
   She (　　　) English very fluently.

3. 彼はたくさんのお金を持っていました。[have]
   He (　　　) a lot of money.

4. 私は駅で友人に会いました。[meet]
   I (　　　) a friend at the station.

5. 私は今朝朝食をとりました。[eat]
   I (　　　) breakfast this morning.

6. 私は今朝朝食をとりませんでした。[eat]
   I (　　　) (　　　) breakfast this morning.

7. 「あなたは今朝朝食をとりましたか。」「はい。」[eat]
   "(　　　) you (　　　) breakfast this morning?" "Yes, (　　　) (　　　)."

8. 彼女は私のメールアドレスを知っていました。[know]
   She (　　　) my e-mail address.

9. 彼女は私のメールアドレスを知りませんでした。[know]
   She (　　　) (　　　) my e-mail address.

10. 「彼女はあなたのメールアドレスを知っていましたか。」「いいえ。」[know]
    "(　　　) she (　　　) your e-mail address?" "No, (　　　) (　　　)."

問 [　]の語句を並べ換えて，英文を完成しなさい。ただし下線を引いた語は，必要に応じて適切な形に変えなさい。

11. 私はこの本を昨日買いました。[yesterday / book / this / <u>buy</u>]
    I _____.

12. 私はそのカギをテーブルの上に置きました。[the key / on / <u>put</u> / the table]
    I _____.

13. 私たちは駅まで走りました。[the / run / station / to]
    We _____.

14. 彼女の息子は医者になりました。[doctor / become / son / a]
    Her _____.

15. 私たちは車でその公園へ行きました。[the park / to / by / go / car].
    We _____.

16. 彼女は高校で英語を教えました。[high school / English / at / teach]
    She _____.

17. 私はそのときカメラを持っていませんでした。[a / then / have / camera / didn't]
    I _____.

18. 私は彼と一緒に映画に行きませんでした。[go / with / the movies / didn't / to]
    I _____ him.

19. あなたの上司はそう言いましたか。[say / boss / did / your]
    _____ so?

20. あなたたちのバスは時間どおりに出発しましたか。[leave / bus / on / your / did]
    _____ time?

チェックテスト

問 [ ]の語を利用して，カッコ内に適切な語を入れなさい。

1. 私はそれを知っていた。[know]　　I (　　　　) that.
2. 私はそれを知らなかった。[know]　　I (　　　　) (　　　　) that.
3. 彼女はそう言った。[say]　　She (　　　　) so.
4. 彼女はそう言いましたか。[say]　　(　　　　) she (　　　　) so?
5. 彼は夜遅く帰宅した。[come]　　He (　　　　) home late at night.
6. 私たちは奈良へ行った。[go]　　We (　　　　) to Nara.
7. 私たちはその魚をつかまえた。[catch]　　We (　　　　) the fish.
8. 彼はたくさんの土産を買った。[buy]　　He (　　　　) a lot of souvenirs.
9. 私はハンバーガーを食べた。[eat]　　I (　　　　) a hamburger.
10. 彼女はドイツ語を話した。[speak]　　She (　　　　) German.

UNIT 11
進行形

問 [　]の語を利用して，カッコ内に適切な語を入れなさい。

1. 私は今勉強しています。[study]
   I (　　　) (　　　) now.

2. 私たちは今料理をしています。[cook]
   We (　　　) (　　　) now.

3. 外は雨が降っています。[rain]
   It's (　　　) outside.

4. その女の子は泣いていました。[cry]
   The girl (　　　) (　　　).

5. 私たちはパーティーを楽しんでいました。[enjoy]
   We (　　　) (　　　) the party.

6. 赤ちゃんは眠ってはいませんでした。[sleep]
   The baby (　　　) (　　　).

7. 私たちはそのとき話してはいませんでした。[talk]
   We (　　　) (　　　) then.

8. 「私の言うことを聞いていますか。」「はい。」[listen]
   "(　　　) you (　　　) to me?" "Yes, I (　　　)."

9. 「彼は昼食をとっているのですか。」「いいえ。」[have]
   "(　　　) he (　　　) lunch?" "No, he (　　　)."

10. 「電話が鳴っていましたか。」「はい。」[ring]
    "(　　　) the telephone (　　　)?" "Yes, it (　　　)."

問 [　]内の語に1語を補って並べ換え，英文を完成しなさい。isn'tのような短縮形は1語と考えます。

11. その男の子たちはビデオゲームをしています。[playing / the / boys]
    ＿＿＿＿＿＿＿＿＿＿＿＿＿＿＿＿＿＿＿＿ video games.

12. 誰かがドアをノックしています。[the / on / knocking / door]
    Someone ＿＿＿＿＿＿＿＿＿＿＿＿＿＿＿＿＿＿＿＿.

13. 私たちは歩いて駅へ行くところです。[we / to / walking / station / the]
_____.

14. 父は今テレビを見ていません。[TV / my / watching / father]
_____ now.

15. 彼らはこのホテルには泊まっていません。[staying / this / at / hotel]
They _____.

> 問 [ ]の語句を並べ換えて，英文を完成しなさい。ただし下線を引いた語は，必要に応じて適切な形を変えなさい。

16. 私は面白い小説を読んでいます。[<u>read</u> / novel / an / am / interesting]
I _____.

17. 男の子たちはサッカーの練習をしています。[soccer / boys / are / <u>practice</u> / the]
_____.

18. 私はそのとき車を運転してはいませんでした。[I / <u>drive</u> / car / wasn't / my]
_____ then.

19. あなたは手紙を書いているのですか。[a / you / <u>write</u> / letter / are]
_____?

20. 彼女はめがねをかけていましたか。[she / glasses / <u>wear</u> / was]
_____?

チェックテスト

問 カッコ内に適切な語を入れなさい。

1. 私は今夕食をとっている。　　　　　(　　　) having dinner now.
2. 彼は今眠っている。　　　　　　　　He (　　　) (　　　) now.
3. 外は雪が降っている。　　　　　　　(　　　) snowing outside.
4. 私たちは今仕事をしていない。　　　We (　　　) working now.
5. あなたは今何をしていますか。　　　What (　　　) you (　　　) now?
6. 私はバスを待っていた。　　　　　　I (　　　) waiting for the bus.
7. その車は動いていなかった。　　　　The car (　　　) moving.
8. 彼らは私の話をしていましたか。　　(　　　) (　　　) talking about me?
9. その子は泣いているのですか。　　　(　　　) the child (　　　)?
10. 彼女は夕食を作っていましたか。　　(　　　) she (　　　) dinner?

UNIT 12
冠詞・名詞・形容詞②

問　[　]内の語を適当な形に変えて，カッコ内に入れなさい。

1. 私は2台のコンピュータを持っています。[computer]
   I have two (　　　　).

2. 私はその店で2つの時計を買いました。[watch]
   I bought two (　　　　) at the store.

3. その赤ちゃんたちは健康です。[baby]
   The (　　　　) are healthy.

4. 彼には3人の子どもがいます。[child]
   He has three (　　　　).

5. その女性たちは全員結婚しています。[woman]
   All the (　　　　) are married.

問　[　]の語句を並べ換えて，英文を完成しなさい。ただし下線を引いた語は，必要に応じて適切な形に変えなさい。

6. 昨日本を何冊か買いました。[yesterday / book / bought / some]
   I _____.

7. 私は毎日コーヒーを2杯飲みます。[coffee / cup / of / two]
   I drink _____ every day.

8. 私は白ワインをグラス1杯飲みました。[of / a / wine / glass / white]
   I drank _____.

9. たくさんの若者がコンサートに来ました。[came / of / to / person / young]
   Lots _____ the concert.

10. 彼はたくさんのお金をかせぎました。[of / made / lot / money / a]
    He _____.

11. その男の子たちは全員サッカーが好きです。[like / the / boy / all]
    _____ soccer.

12. 毎食後に歯を磨きなさい。[meal / your / after / tooth / every]
    Brush _____.

問 カッコ内から適切な語を選んで○で囲みなさい。

13. 私には何人かの外国人の友だちがいます。
    I have (some / any) foreign (friend / friends).

14. バケツにはいくらか水が入っています。
    There is (some / any) (water / waters) in the bucket.

15. この家にはゴキブリは1匹もいません。
    There aren't (some / any) cockroaches in this house.

16. 私はお金を全く持っていません。
    I have (no / any) (money / moneys).

17. 「辞書を何冊か持っていますか。」「はい。」
    "Do you have (some / any) dictionaries?" "Yes, I do."

18. 駅の近くにはたくさんのタクシーがいます。
    There are (many / much) (taxi / taxis) near the station.

19. 私たちにはあまり時間がありません。
    We don't have (many / much) (time / times).

20. 私は2, 3のミスをしました。
    I made (a few / a little) (mistake / mistakes).

チェックテスト

問 カッコ内に適切な語を入れなさい。

1. 何冊かの本　　　　　　　　some (　　　　)
2. 2つの都市　　　　　　　　two (　　　　)
3. 3人の女性　　　　　　　　three (　　　　)
4. たくさんの子どもたち　　　many (　　　　)
5. その学生たち全員　　　　　(　　　　) the (　　　　)
6. カップ1杯のお茶　　　　　a cup (　　　　) (　　　　)
7. グラス2杯のミルク　　　　two (　　　　) of (　　　　)
8. たくさんのお金　　　　　　(　　　　) money
9. たくさんの男性　　　　　　a (　　　　) of (　　　　)
10. 2, 3個の箱　　　　　　　a (　　　　) boxes

27

UNIT 13
人称代名詞

問 カッコ内に適切な語を入れなさい。

1. 私はあなたを愛しています。
   (　　　　) love (　　　　).

2. あなたは私を愛しています。
   (　　　　) (　　　　) (　　　　).

3. 彼女は彼を愛しています。
   (　　　　) (　　　　) (　　　　).

4. 私たちは彼女を愛しています。
   (　　　　) (　　　　) (　　　　).

5. 彼らは私たちを愛しています。
   (　　　　) (　　　　) (　　　　).

6. 私たちは彼らを愛しています。
   (　　　　) (　　　　) (　　　　).

7. 彼女の妹はあなたの息子を愛しています。
   (　　　　) sister loves (　　　　) son.

8. 彼の弟は私たちの娘を愛しています。
   (　　　　) brother loves (　　　　) daughter.

9. 私はネコを飼っています。その尾はとても長いです。
   I have a cat. (　　　　) tail is very long.

10. 彼らのオフィスはあなたたちのオフィスの近くにあります。
    (　　　　) office is near (　　　　) office.

問 [ ]内の語に1語を補って並べ換え，英文を完成しなさい。

11. これはあなたの傘ですか。[this / umbrella / is]
    _____.

12. 私は駅で彼に会いました。[I / the / met / station / at]
    _____.

13. 私たちの学校は千葉にあります。[in / school / Chiba / is]
    _____.

14. 私はそれらをこの店で買いました。[shop / this / I / at / bought]
    _____.

15. 彼女のお姉さんは私を見ました。[looked / sister / at / her]
    _____.

16. 彼の車はとても速く走ります。[runs / car / fast / very]
    _____.

17. 彼らは私たちをそのパーティーに招待しました。[invited / they / party / the / to]
    _____.

18. 私たちは彼らをそのパーティーに招待しました。[invited / we / party / the / to]
    _____.

19. これはあなたへのプレゼントです。[is / for / present / a / this]
    _____.

20. 私たちは彼らの手助けが必要です。[need / help / we]
    _____.

チェックテスト

問 カッコ内に適切な語を入れなさい。

1. 私は彼が好きです。　　　　　(　　　　　) like (　　　　　).
2. 彼は私が好きです。　　　　　(　　　　　) likes (　　　　　).
3. 彼女はあなたが好きです。　　(　　　　　) likes (　　　　　).
4. あなたは彼女が好きです。　　(　　　　　) like (　　　　　).
5. 私たちは彼らを招待しました。(　　　　　) invited (　　　　　).
6. 彼らは私たちを招待しました。(　　　　　) invited (　　　　　).
7. 私は指を切りました。　　I cut (　　　　　) finger.
8. 彼女は私に手を振りました。　She waved (　　　　　) hand to (　　　　　).
9. 私はそれを彼らに買ってやりました。
   　　　　　　　　　　　　I bought (　　　　　) for (　　　　　).
10. 彼らの家はあなたたちの家より大きい。
    　　　　　　　　　　　(　　　　　) house is bigger than (　　　　　) house.

UNIT 14
疑問詞①

問 カッコ内に与えられた文字で始まる適切な語を入れなさい。

1. 「これは何ですか。」「それは懐中電灯です。」
   "(W   ) is this?" "It's a flashlight."

2. 「あの男性は誰ですか。」「私の上司です。」
   "(W   ) is that man?" "He is my boss."

3. 「これは誰のバッグですか。」「私のです。」
   "(W   ) bag is this?" "It's mine."

4. 「そのバンドの中で誰が好きですか。」「トシです。」
   "(W   ) do you like in the band?" "I like Toshi."

5. 「どちらがあなたのバッグですか。」「赤いのです。」
   "(W   ) bag is yours?" "The red one."

6. 「その人々は何語を話しますか。」「スペイン語です。」
   "(W   ) language do the people speak?" "They speak Spanish."

問 [ ]の語句を並べ換えて，英文を完成しなさい。

7. この犬の名前は何ですか。[name / what / dog's / is / this]
   _____?

8. あなたの家はどれですか。[house / is / which / your]
   _____?

9. あなたの好きな俳優は誰ですか。[is / who / your / actor / favorite]
   _____?

10. どんなスポーツが好きですか。[like / sports / you / what / do]
    _____?

11. どの映画が面白かったですか。[interesting / which / was / movie]
    _____?

12. どちらのコースを選びましたか。[did / choose / course / you / which]
    _____?

13. 誰の傘を借りたのですか。[borrow / did / whose / you / umbrella]
_____ ?

14. どんな種類の音楽が好きですか。[of / do / kind / what / music]
_____ you like?

15. あなたのチームで一番背が高いのは誰ですか。[tallest / is / who / in / the]
_____ your team?

問 下線部が答えとなるような疑問文を作りなさい。

例　I like music.（私は音楽が好きです）
⇒ 答　What do you like?（あなたは何が好きですか）

16. That is a bank.（あれは銀行です）
_____

17. I bought a tie.（私はネクタイを買いました）
_____

18. Mr. Yamada called me.（山田氏が私に電話してきました）
_____

19. I got up at six.（私は6時に起きました）
_____

20. Satoru used this computer.（サトルはこのコンピュータを使いました）
_____

チェックテスト

問 カッコ内に適切な語を入れなさい。

1. あれは何ですか。　　　　　　　　（　　　　）is that?
2. あの女性は誰ですか。　　　　　　（　　　　）is that woman?
3. どんな動物が好きですか。　　　　（　　　　）（　　　　）do you like?
4. 今何時ですか。　　　　　　　　　（　　　　）（　　　　）is it now?
5. これは誰の上着ですか。　　　　　（　　　　）jacket is this?
6. 彼女は誰を愛していますか。　　　（　　　　）（　　　　）she love?
7. どちらがあなたのバッグですか。　（　　　　）is your bag?
8. どの男の子があなたの弟ですか。　（　　　　）（　　　　）is your brother?
9. キャプテンは誰ですか。　　　　　（　　　　）（　　　　）the captain?
10. あなたはどちらを選びましたか。　（　　　　）（　　　　）you choose?

UNIT 15
疑問詞②

問 カッコ内に与えられた文字で始まる適切な語を入れなさい。

1. 「あなたの誕生日はいつですか。」「5月10日です。」
   "(W   ) is your birthday?" "It's May 10."

2. 「そのレストランはどこにありますか。」「駅前です。」
   "(W   ) is the restaurant?" "It's in front of the station."

3. 「なぜそんなにうれしいのですか。」「娘に子どもが生まれました。」
   "(W   ) are you so happy?" "My daughter had a baby."

4. 「どのようにしてその切符を手に入れましたか。」「ネットです。」
   "(H   ) did you get the ticket?" "I got it online."

5. 「このカップはいくらですか。」「700円です。」
   "(H   ) (m   ) is this cup?" "It's 700 yen."

6. 「あなたの身長はどのくらいですか。」「約170cmです。」
   "(H   ) (t   ) are you?" "About 170 centimeters."

問 [ ]の語句を並べ換えて，英文を完成しなさい。

7. 彼女はどこでフランス語を勉強しましたか。[she / did / study / where / French]
   _____?

8. ゆうべお父さんはいつ帰宅しましたか。[your / come / when / father / did]
   _____ home last night?

9. あなたのお姉さんは何歳ですか。[sister / old / how / your / is]
   _____?

10. あなたはどのくらいの時間勉強しましたか。[long / you / study / did / how]
    _____?

11. 彼女には何人の子どもがいますか。[children / she / does / many / how]
    _____ have?

12. 彼は何か国語を話しますか。[he / speak / many / does / languages / how]
    _____?

問　下線部が答えとなるような疑問文を作りなさい。

　　例　I live in Yokohama.（私は横浜に住んでいます）
→ 答　Where do you live?（あなたはどこに住んでいますか）

13. We moved here last month.（私たちは先月ここに越してきました）

14. I was born in 1998.（私は 1998 年に生まれました）

15. The store is near the park.（その店は公園の近くにあります）

16. I found the key under the table.（テーブルの下でそのカギを見つけました）

17. He is absent because he has a cold.（彼は風邪をひいているので欠席です）

18. I went to Sendai to see my aunt.（おばに会うために仙台に行きました）

19. I caught ten fish.（私は 10 匹の魚を釣りました）

20. We waited for thirty minutes.（私たちは 30 分待ちました）

チェックテスト

問　カッコ内に適切な語を入れなさい。

1. 締切日はいつですか。　　　　　　（　　　　）is the deadline?
2. 彼はどこの出身ですか。　　　　　（　　　　）is he from?
3. 駅へはどう行けばいいですか。　　（　　　　）can I get to the station?
4. あなたはなぜ悲しいのですか。　　（　　　　）are you sad?
5. お兄さんは何歳ですか。　　　　　（　　　　）(　　　　) is your brother?
6. 何人の人が来ましたか。　　　　　（　　　　）(　　　　) people came?
7. あなたはいつ生まれましたか。　　（　　　　）(　　　　) you born?
8. 彼女はどこへ行っているのですか。（　　　　）(　　　　) she going?
9. 彼はなぜ失敗したのですか。　　　（　　　　）(　　　　) he fail?
10. その指輪はいくらでしたか。　　　（　　　　）(　　　　) was the ring?

UNIT 16
助動詞①

> 問 カッコ内に適切な語を入れなさい。

1. 私は泳げます。
   I (　　　　) swim.

2. 私は泳げません。
   I (　　　　) swim.

3. 「あなたは泳げますか。」「はい。」
   "(　　　　) you swim?" "Yes, I (　　　　)."

4. 「彼は英語を話せますか。」「いいえ。」
   "(　　　　) he speak English?" "No, he (　　　　)."

5. 明日は雨が降るでしょう。
   It (　　　　) rain tomorrow.

6. 「彼らは来るでしょうか。」「はい。」
   "(　　　　) they come?" "Yes, they (　　　　)."

7. 私はその問題が解けませんでした。
   I (　　　　) not solve the problem.

8. 私たちはその飛行機に間に合いませんでした。
   We (　　　　) catch the flight.

> 問 カッコ内から正しい語句を選んで○で囲みなさい。

9. 私はコーヒーをいただきます。
   (I have / I'll have) coffee.

10. 電車は時間どおりに来るでしょう。
    The train will (come / comes) on time.

11. 私たちは電車に間に合わないでしょう。
    We (don't / won't) be in time for the train.

12. 「彼らは試合に勝つでしょうか。」「いいえ。」
    "(Do / Will) they win the game?" "No, they (don't / won't)."

問 [ ]の語句を並べ換えて，英文を完成しなさい。

13. あなたはその試験に合格するでしょう。[the / pass / will / exam]
    You _____.

14. 彼は1週間で元気になるでしょう。[get / will / in / well]
    He _____ a week.

15. この本はあまり売れないでしょう。[not / sell / will / very / book]
    This _____ well.

16. ご両親はあなたに賛成しないでしょう。[won't / parents / you / with / agree]
    Your _____.

17. 試合は予定どおり始まるでしょうか。[game / start / on / will / the]
    _____ schedule?

18. チーターはとても速く走れます。[run / cheetah / fast / can / very]
    The _____.

19. あなたはこの機械を使えますか。[machine / this / you / use / can]
    _____?

20. 私はそのおもちゃを修理できませんでした。[the / not / toy / repair / could]
    I _____.

チェックテスト

問 カッコ内に適切な語を入れなさい。

1. 彼はスキーができます。　　　　　　He (　　　) ski.
2. 彼はスキーができません。　　　　　He (　　　) ski.
3. 彼はスキーができますか。　　　　　(　　) (　　　) ski?
4. 彼女は看護師になるでしょう。　　　She (　　　) become a nurse.
5. 数分で戻ります。　　　　　　　　　(　　　) be back in a few minutes.
6. 彼はイエスと言わないだろう。　　　He (　　　) (　　　) say yes.
7. 私は決心を変えるつもりはない。　　I (　　　) change my mind.
8. 彼女は成功するでしょうか。　　　　(　　　) (　　　) succeed?
9. 私はその問題を解けなかった。　　　I (　　　) (　　　) solve the problem.
10. 私たちは彼を説得できなかった。　　We (　　　) persuade him.

UNIT 17
助動詞②

問 カッコ内から正しい語句をすべて選んで，○で囲みなさい。

1. ここに駐車してもいいですか。
   (Can / May / Shall) I park here?

2. 手伝ってもらえますか。
   (Can / Could / Should) you help me?

3. 手伝いましょうか。
   (Can / May / Shall) I help you?

4. カラオケに行きましょうか。
   (Will / Shall / Must) we go to karaoke?

5. あなたは熱心に練習しなければなりません。
   You (may / must / will) practice hard.

6. あなたは医者にみてもらうべきです。
   You (could / should / might) see a doctor.

7. その噂はきっと本当です。
   The rumor (can / must / shall) be true.

8. 明日は雨が降らないかもしれません。
   It (not may / may not / might not) rain tomorrow.

9. コーヒーはいかがですか。
   (Will / Would / Could) you like some coffee, please?

10. 冷たい水が1杯ほしい。
    (I'll / I'd / I'm) like a glass of cold water.

問 [ ]内の語句を並べ換えて，英文を完成しなさい。

11. 彼の言うことを信じるべきではありません。[not / him / believe / should]
    You _____.

12. そのボタンを押してはいけません。[button / not / the / must / push]
    You _____.

13. お名前を尋ねてもいいですか。[name / ask / I / may / your]
    _____?

14. 駅へ行く道を教えてもらえますか。[tell / you / me / could / way / the]
    _____ to the station?

15. 私たちは間に合わないかもしれません。[not / time / might / be / in]
    We _____.

> 問 カッコ内に適切な語を入れなさい。

16. お茶をいれましょうか。
    (   ) (   ) make some tea?

17. 一緒に歌いましょうか。
    (   ) (   ) sing together?

18. 家に帰ってもいいですか。
    (   ) (   ) go home?

19. この部屋に入ってはいけません。
    You (   ) enter this room.

20. 私はこの仕事を今日終えねばなりませんか。
    (   ) (   ) finish this work today?

チェックテスト

> 問 カッコ内から正しい方を選んで、○で囲みなさい。

1. テレビをつけてもいいですか。   (May / Must) I turn on the TV?
2. 手伝ってもらえますか。   (Could / Should) you help me?
3. お手伝いしましょうか。   (Do / Shall) I help you?
4. この電話を使ってもいいですか。   (Can / Must) I use this phone?
5. 昼食をとりましょうか。   (Shall / Will) we have lunch?
6. 君は彼女に謝るべきだ。   You (could / should) apologize to her.
7. そのデータは間違いかもしれない。   The data (might / must) be false.
8. そのボタンに触れてはいけません。   You (will / must) not touch the button.
9. 彼はきっと病気だ。   He (must / could) be sick.
10. 彼女は来ないかもしれない。   She (should / might) not come.

UNIT 18
助動詞③

問 [　]の語を利用して，カッコ内に適切な語を入れなさい。

1. 私はこの自転車を買うつもりです。[go]
   I'm (　　　) (　　　) buy this bicycle.

2. 私たちは明日会う予定です。[go]
   We (　　　) (　　　) to meet tomorrow.

3. 午後は雨が降りそうです。[go]
   It's (　　　) (　　　) rain in the afternoon.

4. 明日は外出する予定はありません。[go]
   I'm (　　　) (　　　) to go out tomorrow.

5. 私は7時前に家を出る予定でした。[go]
   I (　　　) (　　　) to leave home before seven.

6. 「あなたは留学する予定ですか。」「はい。」[go]
   "(　　　) you (　　　) to study abroad?" "Yes, I (　　　)."

7. 私はこの本を1週間で読まねばなりません。[have]
   I (　　　) (　　　) read this book in a week.

8. 彼はこの薬を毎日飲まねばなりません。[have]
   He (　　　) (　　　) take this medicine every day.

9. あなたは私を手伝う必要はありません。[have]
   You (　　　) (　　　) to help me.

10. 「私はあなたを手伝わねばなりませんか。」「いいえ。」[have]
    "(　　　) I (　　　) to help you?" "No, you (　　　)."

11. 私たちは1時間待たねばなりませんでした。[have]
    We (　　　) (　　　) wait for an hour.

12. あなたは駅へ走って行かねばならないでしょう。[have]
    You (　　　) (　　　) to run to the station.

問 [ ]の語句を並べ換えて，英文を完成しなさい。

13. 私たちは明日忙しくなるでしょう。[to / going / busy / be / are]
    We _____ tomorrow.

14. 私はこのCDを買うつもりではありませんでした。[buy / wasn't / this / going / to]
    I _____ CD.

15. あなたたちは車でそこへ行く予定ですか。[you / there / go / going / are / to]
    _____ by car?

16. 今夜はどこで夕食をとる予定ですか。[you / are / have / to / going]
    Where _____ dinner tonight?

17. 私たちはレストランに席を予約しなければなりません。[a / to / table / have / reserve]
    We _____ at the restaurant.

18. あなたは何も持って来る必要はありません。[to / have / anything / bring / don't]
    You _____.

19. 私はたくさんのメールを読まねばなりませんでした。[many / to / e-mails / read / had]
    I _____.

20. 彼は自分の車を売らねばならないでしょう。[to / will / his / have / sell / car]
    He _____.

チェックテスト

問 カッコ内に適切な語を入れなさい。

1. 私は明日出発する予定です。   I'm (   ) to leave tomorrow.
2. あなたは何を買う予定ですか。   What (   ) (   ) going to buy?
3. 私たちは映画には行きません。   We (   ) (   ) to go to the movies.
4. 私はその本を買う予定でした。   I (   ) going (   ) buy the book.
5. あなたは外出する予定でしたか。   (   ) you (   ) to go out?
6. 私はカギを見つけねばならない。   I have (   ) find the key.
7. 彼は試験に合格しなければならない。 He (   ) (   ) pass the exam.
8. 私たちは待たねばならなかった。   We (   ) (   ) wait.
9. 彼女は帰宅せねばならないだろう。   She (   ) (   ) to go home.
10. 私はそこへ行かねばなりませんか。   (   ) I (   ) to go there?

UNIT 19
不定詞

問 [ ]の語を利用して，カッコ内に適切な語を入れなさい。

1. 私はこの車を買いたい。[buy]
   I want (　　　) (　　　) this car.

2. 彼女はアメリカへ行きたがっている。[want]
   She (　　　) (　　　) go to America.

3. 私たちは家に帰りたかった。[go]
   We wanted (　　　) (　　　) home.

4. 彼は自分の犬を訓練しようとしている。[try]
   He is (　　　) (　　　) train his dog.

5. 私はその壊れたコンピュータを修理しようとした。[repair]
   I tried (　　　) (　　　) the broken computer.

6. 彼女はそのアパートから引っ越すことに決めた。[move]
   She decided (　　　) (　　　) out of the apartment.

7. あなたはいつ作家になることに決めたのですか。[decide]
   When (　　　) you (　　　) to become a writer?

8. 私たちは今週末にスキーに行くことを計画しています。[plan]
   We are (　　　) (　　　) go skiing this weekend.

9. 私はコーヒーを1杯飲みたい。[like]
   I'd (　　　) (　　　) have a cup of coffee.

10. パリではどこへ行きたいですか。[go]
    Where would you like (　　　) (　　　) in Paris?

問 [ ]内の語句を並べ換えて，英文を完成しなさい。

11. 私は金持ちになりたい。[rich, want, be, to]
    I _____.

12. 彼は彼女と結婚することに決めた。[her, to, decided, marry]
    He _____.

13. 彼は新しい仕事を見つけようとしている。[find / is / to / trying]
    He _____ a new job.

14. 私はそのコンサートのチケットを手に入れたかった。[get / wanted / ticket / for / to / a]
    I _____ the concert.

15. 彼は熱心に英語を上達させようとしている。[his / to / hard / trying / improve]
    He is _____ English.

16. 私はその歌手の声をまねようとした。[the / tried / copy / singer's / to]
    I _____ voice.

17. 私は世界一周旅行がしたい。[travel / to / around / like / the]
    I'd _____ world.

18. なぜジャーナリストになる決心をしたのですか。[to / decide / did / become / you]
    Why _____ a journalist?

19. パーティーには誰を招待したいですか。[invite / to / you / like / would]
    Who _____ to the party?

20. あなたたちはどこへキャンプに行く予定ですか。[camping / you / do / go / plan / to]
    Where _____?

チェックテスト

問 カッコ内に適切な語を入れなさい。

1. あなたと一緒に行きたい。　　　I want ( ) go with you.
2. 転職することに決めた。　　　　I decided ( ) change jobs.
3. 釣りに行く予定だ。　　　　　　I plan ( ) ( ) fishing.
4. アイスクリームを食べたい。　　I'd ( ) ( ) eat ice cream.
5. どこへ行きたいですか。　　　　Where do you ( ) ( ) go?
6. 私はロープを切ろうとした。　　I ( ) ( ) cut the rope.
7. 彼は引っ越すことに決めるだろう。He will ( ) ( ) move.
8. いつここへ来たいですか。　　　Where ( ) you like to come here?
9. 何をしようとしているのですか。What are you ( ) ( ) do?
10. どこへ行く計画を立てていますか。Where are you ( ) ( ) go?

UNIT 20
動名詞

問　(　)内から正しい方を選んで，○で囲みなさい。

1. 私は小説を書きたい。
   I want (to write / writing) a novel.

2. 私たちはパーティーで会話を楽しんだ。
   We enjoyed (to talk / talking) at the party.

3. 私は明日この本を読み終えます。
   I'll finish (to read / reading) tomorrow.

4. 彼はその土地を買うことに決めた。
   He decided (to buy / buying) the land.

5. 雨が降りやんだ。
   It stopped (to rain / raining).

6. 私は車を作ることに興味がある。
   I'm interested in (to make / making) cars.

問　[　]の語を利用して，カッコ内に適切な語を入れなさい。

7. 彼は煙草を吸うのをやめた。[smoke]
   He stopped (　　　　).

8. 夕方には雪が降り始めた。[snow]
   It started (　　　　) in the evening.

9. 彼女は歴史を勉強することが好きです。[like, study]
   She (　　　) (　　　　) history.

10. 彼らは大声で話し始めた。[begin, talk]
    They (　　　) (　　　　) loudly.

11. 私は歌うのが得意ではありません。[sing]
    I'm not good (　　　) (　　　　).

12. 私は10時にレポートを書き終えた。[finish, write]
    I (　　　) (　　　　) the report at 10.

13. 予定を変更することについて話しましょう。[talk, change]
    Let's (　　　　) about (　　　　) our schedule.

14. 彼らは新しい素材を作ることに成功した。[succeed, make]
    They (　　　　) in (　　　　) a new material.

問　[　]内の語句を並べ換えて，英文を完成しなさい。

15. 私は最近ピアノの練習を始めました。[the / started / piano / practicing]
    I _____ recently.

16. 私は彼女と一緒にそこへ行ったのを覚えている。[there / her / remember / with / going]
    I _____.

17. あなたはこの部屋の掃除をいつ終えましたか。[you / cleaning / did / finish / this]
    When _____ room?

18. 彼女はパンを焼くのが上手です。[at / bread / good / is / baking]
    She _____.

19. 彼はお金をもうけることに興味がない。[in / interested / money / isn't / making]
    He _____.

20. 働かずに暮らすことはできません。[live / working / can't / without]
    You _____.

チェックテスト

  カッコ内から正しい方を選びなさい。

1. 雨が降り始めた。　　　　　　　　It began (rain / raining).
2. この本を買いたい。　　　　　　　I want (to buy / buying) this book.
3. 私はその本を読み終えた。　　　　I finished (to read / reading) the book.
4. 私は外出したい。　　　　　　　　I'd like (to go / going) out.
5. 留学することに決めた。　　　　　I decided (to study / studying) abroad.
6. 彼は英語を話すのが得意だ。　　　He is good at (speak / speaking) English.
7. この映画は見た覚えがある。　　　I remember (to watch / watching) this movie.
8. 詩を書くことに興味がある。　　　I'm interested in (write / writing) poems.
9. 来月引っ越す予定です。　　　　　I'm planning (to move / moving) next month.
10. 彼は別れを告げずに去った。　　　He left without (to say / saying) goodbye.

付　録

1　英語の文字

英語には次の 26 文字（アルファベット）がある。

〈大文字〉
A B C D E F G H I J K L M N
O P Q R S T U V W X Y Z

〈小文字〉
a b c d e f g h i j k l m n
o p q r s t u v w x y z

2　英文の書き方

① 文の最初の文字は大文字にする。それ以外は小文字を使う。（例：This is ...）
② 次の語は，文中でも最初の文字を大文字にする。
　　I（私は）／人名，地名（例：John, China）／月，曜日（例：August, Monday）
③ 肯定文や否定文の最後には「.」（ピリオド）を置く。（日本語の「。」に当たる）
④ 疑問文の最後には「?」（疑問符）を置く。
⑤ 感嘆文の最後には「!」（感嘆符）を置く。
⑥ 意味の切れ目には「,」（コンマ）を置くことがある。（日本語の「、」に当たる）
⑦ 発言は「" "」（引用符）で囲む。
⑧ 「〜の」の意味を表すときや 2 語以上を短くまとめるときは，「'」（アポストロフィ）を使う。
　　（例：John's, I'm）

　　　最初は大文字　　曜日は常に大文字
　　　Today is Sunday.　（今日は日曜日です）
　　　　　　　　　肯定文の最後はピリオド

　　短縮形にはアポストロフィ　　疑問文の最後は疑問符
　　He said, "What's this?"　（「これは何？」と彼は言った）
　　　　　　　　発言は引用符で囲む
　　意味の切れ目にコンマ

3 基本的な品詞

品詞とは，単語を性質や働きによってグループ分けしたもの。主な品詞には次のようなものがある。

品 詞		働 き	例
名詞		ものの名前を表す	dog（犬），book（本）
代名詞		名詞の代わりに使う	I（私は），his（彼の），this（これ）
動詞	be 動詞	主に「A は B だ」という意味を表す	is, am, are
	一般動詞	動作や状態などを表す	walk（歩く），make（〜を作る）
形容詞		名詞を説明する	old（古い），beautiful（美しい）
副詞		動詞などを説明する	very（とても），fast（速く）
助動詞		動詞の前に置く	can（〜できる），will（〜だろう）
前置詞		名詞・代名詞の前に置く	in（〜の中に），from（〜から）
接続詞		語句や文を結びつける	and（そして），when（〜するとき）
疑問詞		疑問文の最初に置く	what（何），when（いつ）
冠詞		名詞の前に置く	a（1つの），the（その）

4 人称代名詞

「人称」とは，「私」「あなた」「それ以外」の3つを区別する言葉のこと。

	1人称	2人称	3人称
単数	私	あなた	それ以外のすべての単数の物・人
複数	私たち	あなたたち	それ以外のすべての複数の物・人たち

- 3人称単数の例：my car（私の車），the student（その学生）
- 3人称複数の例：cats（ネコ），people（人々）

代名詞の形は人称ごとに決まっている。

	1人称	2人称	3人称
単数	I 私は	you あなたは	he / she / it 彼［彼女・それ］は
複数	we 私たちは	you あなたたちは	they 彼［彼女・それ］らは

〈**主語＋一般動詞の現在形**〉で始まる文では，主語が3人称単数のときは一般動詞に -(e)s を加える。

- She speak**s** English.（彼女は英語を話す）
- My father watch**es** television.（父はテレビを見る）
- He stud**ies** Chinese.（彼は中国語を勉強している）＜ study（勉強する）＞

5 名詞・代名詞の格

名詞・代名詞は 3 つの「格」を持つ。格とは次のような意味を表す形のこと。

格	表す意味	名詞の格の例	代名詞の格の例
主格	～は	Tom トムは	I 私は
所有格	～の	Tom's トムの	my 私の
目的格	～を, ～に	Tom トムを[に]	me 私を[に]

※ 名詞の所有格は, 名詞に 's (アポストロフィ s) をつけて作る。 ⇒ ②

また, 代名詞には「～のもの」という意味を表す形があり, これを**所有代名詞**と言う。たとえば「私のもの」は mine。

人称代名詞の格および独立所有格をまとめると, 次のようになる。

	人称	主格（～は）	所有格（～の）	目的格（～を [に]）	独立所有格※ （～のもの）
単数	1人称	I 私は	my 私の	me 私を[に]	mine 私のもの
	2人称	you あなたは	your あなたの	you あなたを[に]	yours あなたのもの
	3人称	he 彼は	his 彼の	him 彼を[に]	his 彼のもの
		she 彼女は	her 彼女の	her 彼女を[に]	hers 彼女のもの
		it それは	its それの	it それを[に]	―
複数	1人称	we 私たちは	our 私たちの	us 私たちを[に]	ours 私たちのもの
	2人称	you あなたたちは	your あなたたちの	you あなたたちを[に]	yours あなたたちのもの
	3人称	they 彼[彼女・それ]らは	their 彼[彼女・それ]らの	them 彼[彼女・それ]らを[に]	theirs 彼[彼女・それ]らのもの

※ 名詞については, たとえば「ジョンのもの」は所有格と同じ形（John's）で表す。

6 文の種類

英語の文のほとんどは，表す意味によって次の3種類に分けられる。

文の種類	基本的な意味
肯定文	「〜だ」「〜する」
否定文	「〜ではない」「〜しない」
疑問文	「〜ですか？」「〜しますか？」

※ 肯定文と否定文は，まとめて**平叙文**と言う。そのほか，**命令文**（「〜しなさい」などの意味を表す文），**感嘆文**（「何と〜だろう」などの意味を表す文）などがある。

主な疑問文には，次の2種類がある。

種　類	例
一般疑問文 （Yes/No で答える疑問文）	Is this your bag?（これはあなたのバッグですか） — Yes, it is.（はい，そうです）
特殊疑問文 （疑問詞で始まる疑問文）	What do you do?（あなたのお仕事は何ですか） — I'm a lawyer.（私は弁護士です）

A Shorter Course in
English Grammar Check

Copyright © 2019

Seishi Sato

All rights Reserved.

No part of this book may be reproduced in any form without written permission from the author and Nan'un-do Co., Ltd.

著作権法上、無断複写・複製は禁じられています。

A Shorter Course in English Grammar Check	[B-877]
5分間 基本英文法確認トレーニング	

1	刷	2019年4月1日
2	刷	2020年3月30日
著 者	佐藤 誠司　　　　Seishi Sato
発行者	南雲 一範　Kazunori Nagumo
発行所	株式会社　南雲堂
	〒162-0801　東京都新宿区山吹町361
	NAN'UN-DO Co., Ltd.
	361 Yamabuki-cho, Shinjuku-ku, Tokyo 162-0801, Japan
	振替口座：00160-0-46863
	TEL: 03-3268-2311(営業部：学校関係)
	03-3268-2384(営業部：書店関係)
	03-3268-2387(編集部)
	FAX: 03-3269-2486
編 集	加藤 敦
製 版	木内 早苗
装 丁	Nスタジオ
検 印	省 略
コード	ISBN978-4-523-17877-4　C0082

Printed in Japan

E-mail　nanundo@post.email.ne.jp
URL　http://www.nanun-do.co.jp/